Victor Auburtin
Der Feuilletonist greift in die Politik

Großstadt, 1918

VICTOR AUBURTIN

DER FEUILLETONIST GREIFT IN DIE POLITIK / ODER: VERGEBLICHER VERSUCH MIT DER SCHREIBMASCHINE DIE SCHÖNE NEUE ZEIT AUFZUHALTEN / BETRACHTUNGEN VON DER SEITENLINIE

HERAUSGEGEBEN UND MIT EINEM NACHWORT VERSEHEN VON HARTMUT MANGOLD

IM VERLAG DAS ARSENAL

ISBN 978-3-931109-21-9

Inhalt:

Feuilleton!

Als Herr Rathenau im Reichstag einen besonders schön gerundeten und klar verständlichen Satz beendet hatte, wurde ihm das Wort *Feuilleton* zugerufen. Der Zuruf kam von den Bänken der Rechten und ist deshalb als ein Schimpfwort aufzufassen gewesen.

Versuchen wir uns darüber einig zu werden, was gemeint ist. Ein Feuilletonist ist ein Mann, der sich mit vielen Sachen – nicht nur mit einer – beschäftigt, der kurz schreibt oder spricht und der ein verständliches Deutsch schreibt oder spricht. All das ist den Deutschen sehr verdächtig und wird deshalb mit dem unerfreulichen Fremdwort *Feuilletonismus* bezeichnet; das übrigens gar kein rechtes Wort ist, denn bei den Franzosen selbst ist es ziemlich ungebräuchlich.

Eine ernste Sache unterhaltend und in guten Formen darzustellen, das ist etwas, was man Feuilletonismus nennt; das ist es, was ein strebsamer Schriftsteller und Politiker in erster Linie und auf das sorgfältigste zu vermeiden hat.

Wer auf das deutsche Publikum wirken will, der beschränke sich auf nur ein Gebiet, zum Beispiel die römische Literatur nach Augustus, und schreibe hierüber ein Werk, das auf drei Quartbände berechnet ist. Es sei ihm empfohlen, mit dem zweiten Bande zu beginnen, das zeugt von einer besonders tiefen Gründlichkeit. Im Fortlauf wird der Verfasser merken, daß sein Stoff wächst, so daß die Bände geteilt werden müssen, und gleichzeitig wird sich herausstellen, daß der bereits herausgegebene zweite Band überholt ist; eine neue Auflage wird also notwendig. Demnach kommen die Bände in folgender Reihenfolge heraus: II (Erste Auflage), III A, III Ba, II (Zweite Auflage), III b 2. Bei III b 2 pflegt der Verfasser zu sterben. Sein Werk bleibt unvollständig, aber er kann sich mit dem Gedanken zur Ruhe legen, daß ihm niemals von der Rechten das Schimpfwort Feuilleton zugeworfen worden ist.

Sätze von fünfundzwanzig Zeilen Länge, Fußnoten bis zur Spitze der Seite hinauf, so schreibt der Fachmann, der sich darauf versteht. Und so spricht er auch.

Die Phänomene Luther und Bismarck stehen einsam da. Sonst hat sich das deutsche Volk immer von Büchern leiten lassen, die es nicht verdauen konnte, und von Rednern, bei deren Worten es einschlief. Das Krause und Langsame seiner Geschichte kommt daher.

In alldeutschen Schriften nennt man es den *furor teutonicus.*

Ein Rat an Herrn Ebert

Der Reichstag hat dem Präsidenten Ebert, sicherlich gegen seinen Wunsch, eine Standarte verliehen, die ein goldgelbes Rechteck sein soll mit rotem Rande und einem schwebenden Adler in der Mitte.

Zu welchem Zwecke oder Behufe diese Standarte dienen wird, das ist weiter nicht angegeben; aber man kann sich denken, daß sie bei den großen Festlichkeiten verwendet werden soll, die ja bei uns häufig sind, und allen solchen Anlässen. Wenn also Herr Ebert eine Parade abhält, dann wird die goldgelbe und rotgeränderte Fahne vor ihm herflattern im Winde.

Der Präsident der französischen Republik hat keine Standarte, das steht nun einmal fest. Sein einziges Abzeichen ist der Frack, den er bei amtlichen Handlungen anzieht, sonst nichts. Der Präsident der Vereinigten Staaten hat auch keine Standarte. Aber jedes Kind weiß, daß die Franzosen und Amerikaner phantasielose Leute sind, denen der Sinn für das Höhere abgeht. Auch haben sie eben nicht so oft Anlaß, Fahnen herauszustecken, wie wir.

Es fehlt diesen Völkern die Poesie, um es mit einem Worte zu sagen.

Ich liebe Herrn Ebert sehr und wünsche ihm alles Gute. Diese Zuneigung ist vielleicht dadurch zu erklären, daß ich, als Herr Ebert Präsident wurde, im Ausland war und aus Zeitungslektüre sowie aus vielfältiger Unterhaltung erfahren habe, welch ausgezeichneten Eindruck dieser kluge und taktvolle Mann auf alle gemacht hat, die uns Gutes wollen, und auch auf manche andere. Wenn Herr Ebert demnächst beispielsweise eine Antrittsvisite nach Bern unternimmt, dürfte er von den Schweizern herzlicher begrüßt werden als sein Vorgänger, den sie nicht schlecht haben abblitzen lassen.

Und aus diesem Gefühl einer uneigennützigen Sympathie heraus möchte ich mir erlauben, dem Herrn Präsidenten einen Rat zu erteilen. Wenn eine Deputation – oder wie sonst der Vorgang sich vollziehen wird – die goldgelbe und rotgeränderte Standarte überreicht, möge er eine sinnige Rede des Dankes halten; und hinterher dieses Zierstück seiner Frau Gemahlin zur Aufbewahrung übergeben. Frau Ebert aber sollte die Standarte in den Schrank tun. Und in jedem Juni gut ausklopfen und lüften; wegen der Motten.

Auf das Flatternlassen im Winde dagegen wollen wir verzichten. Nichts Wilhelminisches mehr und so wenig wie möglich Dekoration.

Denn es könnte griesgrämige Leute geben, die sich sagen: erst nimmt Ebert eine Standarte; bald hat er ein Hupensignal im Tonfall Selleriesalat, und schließlich wird er sich die großen Kürassierstiefel anziehen. Und dann fängt die ganze Geschichte von neuem an.

Neue Blüte

Wir haben den Krieg verloren, und das war schlimm; jetzt gehen wir daran, unserem Unglück auch noch Denkmäler zu setzen; und dann dürfte das Leben anfangen, unerträglich zu werden.

Ein Ausschuß deutscher Männer hatte sich zusammengetan, um das Nächstliegende zu besprechen und in die Wege zu leiten. Das Nächstliegende ist nicht die Frage, wie man armen Kindern Brot und Hemden verschafft (etwa so, daß die Ausschußmitglieder sich verpflichten, fürderhin kein Pilsener Bier mehr zu trinken und das Ersparte zusammenzutun), nein, das Dringendste und Wichtigste ist, ein Denkmal den verlorenen Ländern und Städten zu setzen.

Also ungefähr so, wie das Pariser Straßburgdenkmal, dem die Franzosen fünfzig Jahre lang geschmacklose Immortellenkränze und falsche Blumen gebracht haben. Denn der Gedanke solchen Denkmals wäre nicht einmal deutsch, er wäre nach dem Pariser Muster von der Place de la Concorde gearbeitet. Nur mit einem Unterschied: das Pradiersche Denkmal in Paris stand bereits seit einem Jahrhundert, als Straßburg den Franzosen verlorenging; nie wären sie auf den Einfall gekommen, einer Stadt ein Trauerdenkmal zu setzen, an deren Wiedergewinn sie allesamt insgeheim geglaubt haben. Wir gedachten jetzt, eben diesem Straßburg und Posen und Bromberg klagende Bronzefiguren zu errichten, auf granitenem Sockel, gerade als ob wir der ganzen Welt kundtun wollten, daß wir den Verlust für unwiderruflich ansehen.

Glücklicherweise hat die Regierung abgewinkt, und der Plan ist zurückgestellt worden.

Aber damit ist die Gefahr nicht beseitigt. Überall im Lande draußen bilden und regen sich die Ausschüsse, man sucht schon die Plätze aus und hat Entwürfe; eine neue Blüte von Genien und Viktorien und Löwen verspricht zu entstehen, diesmal nicht als Siegesdenkmäler gedacht, sondern als Erinnerungsdenkmal für die Gefallenen, was dasselbe ist. Wir errichten Denkmäler, wenn wir gesiegt haben, wir errichten Denkmäler, wenn wir verloren haben; und der verzagende Zweifler fragt sich, welches denn die Lage des Lebens ist, die sauber bleibt und der wir nun einmal gar keine Denkmäler errichten.

Die englischen Minister waren, wie man aus der Zeitung weiß, jetzt alle in ihrem Urlaub; Herr Baldwin in Aix, Herr Curzon in der Normandie, und dergleichen. Sie sind in diesen Urlaub mit der Absicht gegangen, einmal in aller Ruhe darüber nachzudenken, was die englische Politik unter den jetzt obwaltenden Umständen zu tun habe.

Vier Wochen lang hat jeder der englischen Minister angestrengt über diese Frage nachgedacht. Dann ist jeder von ihnen zu dem Ergebnis gekommen, das beste sei, wenn die englische Politik unter den jetzt obwaltenden Umständen gar nichts tue.

Sie haben sich telephonisch über ihre Gedanken verständigt und sich sehr gefreut, daß sie alle ohne Unterschied denselben Beschluß gefaßt hatten; denn gerade in diesen schwierigen Zeiten sind Eintracht und Harmonie von größtem Nutzen.

Daraufhin sind die englischen Minister nach London zurückgekehrt und werden nun mit ausgeruhten Kräften und unbeirrt an der Durchführung ihres Programms arbeiten. Selbstverständlich werden sie nicht alle Tage an der Durchführung ihres Programms arbeiten, denn alle acht Tage ist ja Weekend; da geht der Mensch aufs Land und spielt Golf.

Und man mag nun darüber denken wie man will, sicher bleibt, daß dieses die beste Methode ist, ein Weltreich zu begründen und zu verwalten.

Es hat in früheren Zeiten schon oft ehrgeizige Leute gegeben, die ein Weltreich begründen wollten, die aber die Sache von der falschen Seite aus anfaßten. Sie sprangen auf ihr Pferd, schwangen den Säbel, rissen den Mund auf und ritten nach Marengo oder an den Granikus, und nichts ist von ihnen übriggeblieben.

Dagegen hat die englische Sprache den Vorzug, daß man die ganze englische Sprache aussprechen kann, ohne die Pfeife aus dem Munde zu nehmen.

Und wenn ein Engländer in den Urwald auf die Tigerjagd geht und allein mit zehn Hindus im Zelt wohnt, zieht er abends zum Essen den Frack an.

So wird die Sache gemacht, nicht anders.

Meine Beziehungen zu MacDonald

Es war beim Sozialistenkongreß von Bern im Jahre 1918. Wir alle waren zusammengekommen, um Europa in Ordnung zu bringen und der Welt den Frieden zu geben.

Neben mir saß ein schlanker junger Mann in schwarzem Haar, der sich hauptsächlich damit beschäftigte, daß er seine Tabakpfeife rauchte. Und ich hatte bald erfahren, daß dieser junge Mann der Schotte MacDonald sei, ein höchst verdächtiger Staatsumstürzler.

In meinem ganzen Leben habe ich nicht so viel Pfeiferauchen gesehen. Der Kongreß beschloß die allgemeine Abrüstung und das Schiedsgericht ernannte Kommissionen und nahm Resolutionen mit überwiegender Mehrheit an … aber von alledem ist mir nur die Tabakpfeife des Herrn MacDonald in Erinnerung geblieben.

Er rauchte einen sehr starken Tabak, etwas süßlich und nach Honig riechend, wie die meisten englischen Tabake.

Einmal hat er mich angesprochen. Auf der Tribüne stand ein russischer Menschewik und hielt eine Rede von anderthalb Stunden. Da sah mich MacDonald an, nahm die Pfeife aus dem Munde und sagte: »Develish long speech, isn't it?« Ich antwortete: »Yes«, und damit war diese politische Auseinandersetzung zu Ende.

(Ich kann ganz gut Englisch; aber das englische Wort, das ich am besten beherrsche, ist doch das Wort yes. Deshalb beschränke ich mich in der Unterhaltung mit Engländern gern auf dieses Wort.)

Nach dem Menschewik war MacDonald selbst an der Reihe zu sprechen. Er ging auf die Tribüne, legte dort die brennende Pfeife auf den Tisch und redete. Als er geendet hatte, waren wir alle wie verrückt vor Aufregung; aber die Pfeife brannte noch. Ich will mich selbst beileibe nicht in die hohe Staatskunst einmischen. Aber ich möchte aus meiner eigenen Erfahrung auf diese Tatsache hinweisen: MacDonald ist ein Mann, der Wert darauf legt, daß ihm über der Politik die Pfeife nicht ausgeht.

Die Albanier haben den Thron ihres Landes dem amerikanischen Milliardär Sinclair angeboten, der einer der Petroleumkönige ist. Die Antwort Sinclairs ist noch nicht bekanntgeworden, aber es ist wohl nicht daran zu zweifeln, daß er den Thron annehmen wird.

Vor dem Krieg war der Fürst Wied König von Albanien. Der hatte einen großen Säbel und ritt jeden Sonntag zur Parade und wurde deshalb von seinen Untertanen Mbret genannt.

Dann kam das Jahr 1914, und es stellte sich in Albanien, genau ebenso wie in allen anderen Staaten, heraus, daß ein König sich sehr gut zum Paradereiten, zum Kriegführen aber gar nicht eignet. Der Mbret verschwand und sitzt wohl jetzt in Wied, wo er seine Memoiren schreibt.

Die Albanier aber möchten wieder einen König haben, und da sind sie nun auf den Einfall gekommen, ihr Land diesem Petroleummilliardär anzubieten. Sie saßen in ihrer Sobranje oder Skupschtina oder wie das Ding nun heißt, sahen sich einander an und sagten: »Einen Säbel hat er ja zwar nicht, aber vielleicht bringt er uns ein bißchen Petroleum mit.«

Denn die Albanier sind viel klüger, als man im allgemeinen glaubt, und wissen ganz genau, was einem kaputten Staate guttut.

Es gibt noch viele kaputte Staaten. Und es gibt in Amerika noch viele Milliardäre: Pierpont Morgan, Rockefeller, Ford, daß einem armen Menschen ordentlich das Wasser im Munde zusammenläuft. Und schließlich wird es ja doch auf so etwas hinauskommen.

Warten wir also vorläufig ab, wie das Experiment mit den Albaniern ausgeht. Und halten wir uns nur das eine immer klar vor Augen: ein Volk, das Schwierigkeiten hat, wird besser mit Petroleum behandelt als mit dem Säbel.

Die Kanonen an der Säule

Nun wollen die Franzosen auch noch die Kanonen haben, die oben an der Siegessäule befestigt sind. Diese Kanonen, die aus dem siebziger Kriege stammen, sollen heruntergeholt und nach Paris geschafft werden. Und das wäre schon die zweite Zumutung, die man an die alte gute Säule stellt: erst wollte man sie in die Luft sprengen, jetzt nimmt man ihr die Verzierungen weg. Dabei muß gesagt werden, daß es in künstlerischer Hinsicht ein Vorteil wäre, wenn die Kanonen fortkämen. Diese vergoldeten Rohre da oben sind sehr häßlich; sie sehen aus wie angeklebte Schwefelhölzer. Aber wenn der Feind von uns verlangt, wir sollen eine Häßlichkeit abtun, so müssen wir sie gerade erst recht behalten, denn dann wird das Häßliche nationale Ehrensache. Viele Kriege sind so entstanden.

Aus alledem kann man erkennen, daß es nicht gut und vorteilhaft ist, Siegesmonumente zu errichten, weil es mit den Siegen eine eigene Sache ist. Wie lange lebt denn so durchschnittlich ein Sieg? Vielleicht so lange wie die Wahrheiten, die nach Ibsen fünfundzwanzig Jahre alt werden. Dann ist der Sieg unverständlich geworden oder ein Fluch, und nun steht seine steinerne oder erzene Säule da, und die vorüberziehenden Zeitalter treiben ihren Spott damit.

Napoleon setzte sein Standbild auf die Vendômesäule in Paris: das Standbild ist ein halbes dutzendmal heruntergenommen und wieder hinaufgesetzt worden, und die Säule selbst hat man umgeworfen und wieder aufgestellt. In Rom stehen zwei Siegessäulen, eine für Trajan, der die Daker besiegt hat, die andere für Marc Aurel, der die Alemannen, also uns, besiegt hat. Diese Säulen sind nicht umgeworfen worden, aber man hat die Figuren der zwei Weltkaiser weggenommen und auf die eine Säule den jüdischen Fischhändler Simon Petrus und auf die andere den jüdischen Teppichfabrikanten Paulus gesetzt, die beide wegen bolschewistischer Umtriebe vom römischen Gericht verurteilt worden waren.

In Berlin stand ja früher noch eine zweite Siegessäule: am Halleschen Tor, die Säule, die an die Belle-Alliance und an die alte deutsch-englische Waffenbrüderschaft erinnerte. Als ich dieser Tage da vorüberkam, war die Säule ebenso verschwunden, wie die alte deutsch-englische Waffenbrüderschaft verschwunden ist. Vielleicht hat man das Denkmal wegen der Straßenbauten entfernt und in einen Schuppen gebracht; aber dort sollte man es nun lassen, denn auch dieser Sieg macht uns keine ganze Freude mehr.

Wäre ich ein Weiser aus Asien, auf dessen Rede die Völker hören, ich lehrte so: Du sollst nicht siegen. Hast du aber das Unglück gehabt zu siegen, so errichte keine Säule, die zum Himmel aufragt. Denn der Himmel ist kitzlig.

Gott grüß die Kunst

Die Bolschewiki haben in Moskau eine Akademie für Scharfrichter eröffnet, in der begabte junge Männer und Damen (denn in diesem Musterstaat sind den Frauen alle Ämter zugänglich) die Kunst des Kopfabschlagens, Aufhängens und Totschießens erlernen können. Ein anatomisches Kabinett für den Anschauungsunterricht ist der Schule angegliedert.

Ich weiß nicht, meine Herrschaften, was darüber zu lachen ist.

Denn, bitte sehr, wo ist der Unterschied zwischen dieser Akademie und irgendeinem Schützenverein bei uns? In beiden wird die Kunst geübt, etwas Lebendes umzubringen, und es ist kein Unterschied vorhanden.

An der allgemeinen Entwicklung und dem großartigen Fortschritt, den die Menschheit bekanntlich vollführt, hat das Morden seinen guten Anteil gehabt; es hat sich ebenso entwickelt wie etwa die Schiffahrt und die Baukunst, ja vielleicht noch mehr und noch glanzvoller.

Wenn in dem Kaiserreich Neandertal ein Hausbesitzer mit seinem Nachbar einen kleinen Disput hatte, etwa über das Ausklopfen der Teppiche oder so, und man konnte sich gar nicht einigen, so nahm der Entschlossenere von beiden einen handgerechten Stein von der Straße und schlug damit dem anderen den Gehirnkasten ein. Das war ein einfaches, ursprüngliches Menschentum, ohne jede Kunst, und es war das goldene Zeitalter, von dem die Dichter singen.

Dann wurde das Metall erfunden, mit dem sich die Halsschlagadern bequemer durchschneiden lassen, was eine wesentliche

Zeitersparnis bedeutet. Es kam der Dolch, dessen Griff der kluge Künstler ziselierte, das Pulver mit seiner großen Kulturaufgabe und schließlich der Revolver, den heute der ordnungsliebende Bürger in der Tasche trägt, wenn er des Abends ausgeht, um einen Schoppen Wein zu trinken.

Und man braucht sich nicht zu wundern, daß in unserer Zeit mit ihrem hochentwickelten Unterrichtswesen Stätten eingerichtet werden, an denen staatlich geprüfte Privatdozenten der Jugend die Kunst des Abfertigens erläutern; an der schwarzen Tafel und mit der weißen Kreide.

Nur eines kann den Bolschewiki vorgeworfen werden, nämlich daß sie sich selbst widersprechen; denn sie haben die Abschaffung der Todesstrafe verkündet und in ihr Programm aufgenommen.

Aber sie erkannten bald, daß man so nicht vorwärtskommt; es müßten ja zunächst einmal alle die reaktionären Elemente aufgehängt werden, die sich der Abschaffung der Todesstrafe widersetzten.

In Amerika macht man jetzt wissenschaftliche Hungerexperimente. In Deutschland werden zurzeit auch Hungerexperimente gemacht, aber diese deutschen Hungerexperimente können nicht als wissenschaftlich bezeichnet werden; es sind mehr praktische Experimente, die auch dem kleinen Mann verständlich und erreichbar sind.

Populäre Hungerexperimente, um es kurz zu sagen.

Die amerikanischen Hungerexperimente finden in Chicago statt, und zwar an dem physiologischen Institut der dortigen Hochschule. Einige Studenten dieses Instituts haben sich als Versuchsobjekte angeboten, sie haben fünfzehn Tage gehungert und die Wahrnehmungen, die sie während des Hungerns machten, aufgezeichnet.

Die Wahrnehmungen laufen auf folgendes hinaus: Durch den Hunger wird der Körper nicht unerheblich geschwächt, aber dieser Kräfteverlust wird durch andere Vorteile wieder aufgehoben: der Mensch verliert sein überflüssiges Fett, der Stoffwechsel belebt sich, und der Verdauungsprozeß wird wesentlich erleichtert. Das steht jetzt nach den Versuchen des physiologischen Instituts in Chicago fest und sollte wohl beachtet werden.

Übrigens dürften die meisten Menschen gar nicht gewußt haben, daß es in Chicago ein physiologisches Institut gibt, weil diese Stadt besonders durch ihre Schlachthäuser und Konservenfabriken berühmt ist. Wenn wir den Namen Chicago hören, denken wir immer gleich an Cornedbeef, Ochsenzunge in Gelee, Hammelkeulen und Schweineschinken.

Aber das ist eine falsche Anschauung, für die Chicago selbst gar nichts kann. Wir sollten eben nicht immerzu an Schweineschinken denken, sondern unsere Aufmerksamkeit mehr auf wissenschaftliche Ergebnisse richten.

Also noch einmal: durch den Hunger wird der Verdauungsprozeß erleichtert. Halten wir uns das immer vor Augen.

Ein Berliner Philosoph mit Namen Wydrinski hat versucht, künstliche Tausendmarkscheine herzustellen. Selbstverständlich hat er sich dabei ertappen lassen und sitzt jetzt in Moabit. Er hatte geglaubt, Tausendmarkscheine lassen sich ebenso leicht anfertigen wie Bücher über die Apriorität des Raumbegriffes.

Aus allem, was wir über Herrn Wydrinski hören, läßt sich erkennen, daß er ein ganz ernstzunehmender philosophischer Schriftsteller gewesen ist. Er hat sich mit der Kritik der Ideen beschäftigt und scheint der platonischen Schule anzugehören, die an der Wirklichkeit der Dinge zweifelt. »Es gibt nichts Wirkliches, alles ist nur Schein«, so sprach Wydrinski, und da ging er hin und machte noch ein paar Scheine mehr.

Übrigens begreife ich, offen gestanden, nicht, warum die Anfertigung künstlicher Tausendmarkscheine so schwer bestraft wird.

Eine solche Strenge war in früheren Zeiten am Platz, als man für tausend Mark eine vierwöchige Reise nach Sizilien unternehmen konnte. Aber jetzt, wo man der Garderobenfrau tausend Mark Trinkgeld gibt?

Alles ist heute falsch und künstlicher Ersatz. Mit dieser Tatsache sollten wir uns doch allmählich abfinden. Es gibt Leute, die machen aus Kabeljau künstliches Kalbfleisch, und andere, die aus Kalbfleisch künstlichen Kabeljau machen. Elfenbein wird aus Müllabfall hergestellt. Und in einem Laden in Wilmersdorf, an dem ich täglich vorbeikomme, kann man echt dänischen Holländer Käse kaufen. Die Leute aber, die so die Gaben Gottes fälschen, kommen nicht mit dem grünen Wagen nach Moabit, sondern fahren mit ihrem achtzigpferdigen Auto nach Sankt Moritz.

Nur das Gemeinste und Wertloseste, was es auf der Welt gibt, die Tausendmarkscheine, nur die dürfen nicht künstlich hergestellt werden. »Wetter«, sagt Prinz Hamlet, »es liegt darin etwas übernatürliches; wenn die Philosophie nur dahinter kommen wollte.«

Nun, Herr Wydrinski hat ja jetzt Zeit, vielleicht kommt er dahinter.

Rettet unsere Idioten!

In wissenschaftlichen Kreisen ist jetzt vorgeschlagen worden, alle Staaten sollten sich zusammentun, um die geistig Minderwertigen und die Idioten abzuschaffen. Das ist ein Vorschlag, der sehr genau überlegt werden muß, weil er sich auf breite Schichten der Menschheit bezieht. Mancher Mann, der beim Hören dieser Nachricht glaubt, das gehe ihn gar nichts an, den geht es sogar sehr viel an.

Selbstverständlich will man nicht etwa von einem Tag zum andern sämtliche Idioten ausrotten – das wäre ja eine ganz entsetzliche Metzelei. Vielmehr denkt man sich die Sache so, daß die geistig Minderwertigen durch künstliche Abkühlung und ähnliche Mittel sterilisiert und so verhindert werden sollen, sich fortzupflanzen. Aber auch das wird nicht so leicht sein, wie es aussieht.

Denn erstens ist es allgemein bekannt, daß gerade idiotisch veranlagte Leute besonders zeugungskräftig sind und sich weder durch Kälte noch durch Hitze in ihrer Begierde und ihrem Eifer behindern lassen. Ja, ich glaube, wenn man fünfhundert Idioten beiderlei Geschlechts in eine Kühlhalle sperrte, sie würden nichts anderes im Sinne haben, als sich sofort auf das intensivste dem Geschäft der Fortpflanzung zu widmen.

Dann muß aber auch noch sehr erwogen werden, ob es überhaupt gut ist, die Idioten abzuschaffen. Die Natur tut nichts umsonst; und wenn sie diese Menschenart in einer so unermeßlichen Zahl bildete und schuf, so hat sie sicher dabei einen bestimmten Zweck verfolgt.

Denken wir doch daran, daß manche Industrie, ja daß vielleicht unsere ganze Wirtschaft ohne das reichliche Vorhandensein von Idioten gar nicht bestehen könnte. Ein gewisser Teil der kinematographischen Industrie zum Beispiel mit Filmen, wie *Die Wellen der Wollust, sechsaktiges Drama aus dem Leben der New Yorker Hochfinanz.*

Auch wollen wir schließlich unsere Literaturcafés nicht veröden lassen.

Der Professor Hiram Ballart in New York hat ein statistisches Experiment über den Gemütszustand der Amerikaner unternommen.

Zu diesem Zweck hat er die Menschen in drei Klassen eingeteilt, in traurige, heitere und ausdruckslose Menschen; und dann hat er auf der Straße darauf geachtet, wie stark diese Klassen verteilt sind.

Das Ergebnis ist, daß auf 100 Menschen 78 traurige, 5 heitere und 17 ausdruckslose kommen. Die Amerikaner sind ein vorwiegend trauriges Volk.

Und nun zerbrechen die amerikanischen Behörden sich darüber den Kopf: Warum sind die Amerikaner traurig? Dieses Volk hat doch so gute Gesetze, zum Beispiel das Antialkoholgesetz, da müßte es eigentlich über das ganze Gesicht lachen.

Vielleicht sind die Amerikaner nur traurig, weil das Antialkoholgesetz nicht streng genug durchgeführt wird? Oder könnte man vielleicht noch irgend etwas anderes verbieten? Richtig; man geht ja jetzt in Amerika mit dem Gedanken um, auch das Rauchen abzuschaffen. Wenn die Amerikaner dann nicht wieder lustig werden, ist ihnen nicht zu helfen.

Statistische Experimente sind immer lehrreich.

Wir saßen nach dem Essen bei den feinen Damen, und ich erwähnte zufällig den Namen Bakunin (weil ich gerade ein Buch von der Ricarda Huch über ihn gelesen hatte).

Sprachlos sahen sich die Damen an.

»Halt«, schrie ich, »jetzt machen wir ein Experiment; jede Dame wird gütigst auf die Frage antworten: Was versteht man unter Bakunin?«

Eine wußte es. Eine andere neigte der Meinung zu, Bakunin sei ein russischer Tänzer.

Die sechs anderen erklärten übereinstimmend, Bakunin sei doch das bekannte Backpulver.

Verboten

Vor dem Kriege hatte ich mir eine Sammlung von Verbotstafeln zugelegt. Das heißt, ich hatte natürlich nicht die Verbotstafeln selbst gesammelt, denn es ist verboten, Verbotstafeln zu entfernen; es war vielmehr eine Sammlung von Abschriften.

Unglaublich, was alles verboten ist bei den Menschen. Es ist verboten, weiterzugehen und stehenzubleiben und laut zu lachen und lebende Ferkel auf die Waage zu stellen.

Ganz seltene Exemplare hatte ich in meiner Sammlung, so das aus Süditalien stammende: »Es ist verboten, Morra zu spielen!« und das Prachtstück der Sammlung: »Es ist verboten, den Hut abzunehmen«, das ich in einem sächsischen Postamt gefunden hatte.

Aus Frankreich waren nur ganz wenige Stücke da, eigentlich nur eines, das durch seine Geschichte interessant war. Am See des Bois de Boulogne stehen große niedrige Tafeln, auf denen mitgeteilt wird, daß das Angeln verboten ist. Und da ist nun einmal dieses geschehen: Ein Angler hatte sich gerade neben eine dieser Tafeln gesetzt und seine Schnur ausgeworfen. Dann war ein Polizist gekommen und hatte zugesehen. Und weil es zu lange dauerte, bis ein Fisch anbiß, hat der Polizist sich dann schließlich einfach auf die Tafel gesetzt und weiter zugeschaut.

Das Land, das die meisten Verbotstafeln aufweist, ist aber nicht, wie man meinen möchte, Deutschland, sondern die Schweiz. In diesem freien Lande ist jeden Schritt etwas verboten, und je weiter man hinauf kommt, um so häufiger werden Tafeln und Stacheldraht.

Allerdings sagt Schiller: »Auf den Bergen ist Freiheit«. Aber das wäre nicht die erste schiefe Phrase, die sich bei unserm geliebten Nationaldichter findet.

An diese meine Sammlung wurde ich jetzt wieder einmal erinnert, als ich auf einer Wiese bei München eine ganz merkwürdige Verbotstafel entdeckte. Eine Tafel mit der Inschrift: »Es ist verboten zu exerzieren!«

Das ist ein so herrliches Stück, daß ich mich beinahe veranlaßt fühle, meine Sammlung von neuem zu beginnen.

Oh, hätte doch solch eine Verbotstafel seit fünfzig Jahren an sämtlichen Wiesen, Plätzen, Kasernenhöfen und so weiter der bewohnten Erde gestanden, und wäre sie auch befolgt worden! Wir führen jetzt alle leichten Herzens in die Ostseebäder oder in das bekannte kleine mecklenburgische Nest. Pension 3,50 Mark; und gar nicht alles aufzuessen.

Die Fähre führt über den Fluß von rechts nach links und von links nach rechts.

Abwechselnderweise.

Sie befördert die Radfahrer, die des Weges kommen, die Wandervögel beiderlei Geschlechts und den Jagdwagen des Herrn von Grambow.

Manchmal kommt auch ein großes glänzendes Automobil herbei; darin sitzen die Herren Generaldirektoren und Generalvertreter, die immer so laut sprechen.

Was aber den Betrieb der Fähre anbetrifft, so ist er in folgender Weise geregelt:

Am rechten Ufer steht ein Häuschen, in dem sitzt der Mann, der die Billette verkauft. Bevor man einsteigt, steht da ein zweiter Mann, der die Fahrkarten durchknipst. Dann befinden sich auf der Fähre selbst zwei fernere Männer, die zusehn, daß alles gut verläuft. Drüben aber steht gleich wieder ein neuer Mann, der die geknipsten Billette abnimmt; und dann ist selbstverständlich auch auf dieser Seite ein Häuschen für den Mann, der die Billette in anderer Richtung verkauft.

Nun, so braust du, lieber Leser, auf: das ist einmal wieder so echt deutsch. In Amerika würde das ganze Geschäft von einem einzigen Gentleman besorgt werden, und wahrscheinlich viel schneller und praktischer verlaufen.

Gemach, gemach, ungeduldiger Leser! Wir sind nicht in Amerika und wollen ja gar nicht in Amerika sein.

Dieses ist ein deutscher Fluß, der langsam aus dem Lande kommt, mit Erinnerung und Geschichte schwer beladen. Weißt du nicht, daß an seiner Mündung die Stadt Vineta gestanden hat, die untergegangen ist und deren Glocken unten im Meere immer noch weiterklingen bis auf den heutigen Tag?

Da sind wir weit weg von Amerika und dem Gentleman. Und nun gar Fährmänner; das sind verwunschene Wesen, denen wir keine Überstürzung zumuten wollen.

Fährleute brauchen nicht praktisch zu sein, denn sie kommen schon im Nibelungenlied vor; allerdings an einer Stelle, deren Echtheit von Lachmann bezweifelt worden ist.

Der Siebenuhrmorgenzug von Bad Neuburg hat nur vierter Klasse. Das haben die feinen Leute aus dem Kurhaus nicht gewußt und stehen nun ratlos auf dem Bahnsteig.

Die Herren mit den gelbledernen Gürteln und die Damen mit den Bernsteinhalsketten, die bis zum Nabel herunterhängen.

Aber fort müssen sie, da hilft alles nichts, und so steigen sie denn mit perlenden Tränen in den Augen und unter Ausstoßung heftiger Verwünschungen in den Wagen vierter Klasse hinein.

Es ist ein sehr geräumiger und luftiger Waagen vierter Klasse, und wenige Leute sitzen drin; nämlich zwei Wandervogelmädchen mit Hornbrillen, zwei Nonnen mit Rosenkränzen und ein graubärtiger Mann, der in einem uneingebundenen Buche liest. Der Titel dieses Buches heißt: »Versuch einer physiologischen Erklärung des Wünschelrutenproblems auf Grund der ministeriell geprüften Ergebnisse.«

Also eine vollkommen unmögliche Gesellschaft.

Der Zug setzt sich in Bewegung, bleibt aber bald mit einem Ruck stehen, weil auf der Strecke etwas nicht in Ordnung ist.

»Um Gottes willen«, schreit die Dame mit der Nabelkette, »wenn es nur heute kein Eisenbahnunglück gibt! Sonst steht in allen Zeitungen, daß man meine Leiche in einem Wagen vierter Klasse gefunden hat.«

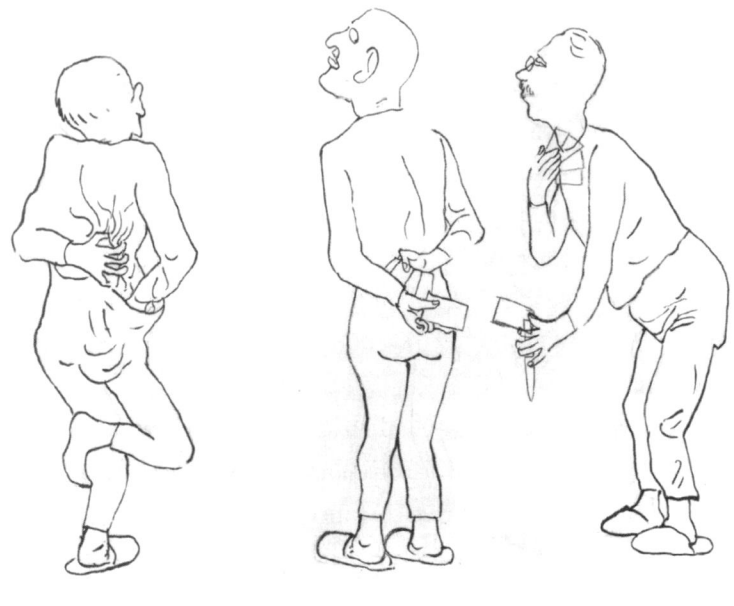

Drei kartenspielende Gefangene, 1928,
Zeichnung von George Grosz

Die Handelskammern im Lande haben jetzt an die Bevölkerung die Bitte gerichtet, man möchte doch mit dem Papiergeld vorsichtiger umgehen und es etwas mehr schonen.

Sonst ginge es nämlich entzwei, und wohin würde das führen, wenn wir kein Papiergeld mehr hätten und uns auch das im Stiche ließe! Ferner dürfe nicht vergessen werden, daß ein Zehntausendmarkschein einen gewissen Sachwert darstelle, wenn auch nur einen sehr geringfügigen. Deshalb soll man ihn schonend behandeln.

Schonend behandeln? Das Geld schonend behandeln? Fällt mir nicht im Schlaf ein. Wenn ich ein literarisches Kunstwerk angefertigt habe, ein wohlausgewogenes Geschmeide, ebenmäßig und von fehlerloser Form (wozu große Liebe gehört und viel mehr Verstand, als man gemeinhin vermutet), wenn ich also ein solches Meisterwerk anbringe und erhalte dann als Preis dafür ein Paket Zehntausendmarkscheine, so kann ich das Gefühl, das meine Brust bewegt, nur dadurch ausdrücken, daß ich diese Zehntausendmarkscheine so obenhin wie möglich in meine Westentasche stecke und so bald als möglich wieder herausreiße, in der Bar bei dem Fräulein.

Etwas anderes wäre es, wenn man mich mit rohen Eiern bezahlen wollte, wie das in verschiedenen Berufen Gebrauch ist, die dem literarischen nahe verwandt sind, zum Beispiel auf der Rutschbahn in Halle an der Saale. Dort werden zwei rohe Eier für eine Fahrt bezahlt, und man kann versichert sein, daß dieses Zahlungsmittel sowohl von dem Rutschbahnentrepreneur wie von den Rutschbahnkunden mit äußerster Schonung behandelt wird.

Am liebsten sähe ich es, wenn man mir meine Werke mit Büchsen Ölsardinen bezahlte. Solche Büchsen sind von fast unbegrenzter Haltbarkeit und haben den Vorzug, daß sie bei fortschreitender allgemeiner Misere immer mehr an Wert gewinnen.

Und ist einmal der große Bankrott da, kann man sie aufmachen und die darin befindlichen Sardinen verzehren.

Aber wenn einmal der Bankrott da ist, wozu wird dann ein Zehntausendmarkschein noch gut sein? Jeder Leser und sogar jede Leserin hat in diesem Augenblick denselben unanständigen Gedanken gehabt wie ich.

Also in der Tat, man sollte diese Scheine in Rollen herausgeben und perforiert.

Wer früher ins Leihamt ging und die silberne Uhr versetzte, der gewann dadurch zwei glückliche Tage.

Der erste glückliche Tag war der, an dem man für die Uhr acht Mark erhielt und daraufhin das Fräulein Braut zu Kempinski und ins Theater brachte.

Zwei Portionen Rinderbrust mit Meerrettich à 0,75 Mark, eine Flasche Piesporter 1 Mark, Trinkgeld 10 Pfennig. Dann ins Adolf-Ernst- Theater, wo der Platz 1,50 Mark kostete und wo *Charleys Tante* gegeben wurde. Denn es war damals nicht nur eine wirtschaftliche, sondern auch eine geistige Blüte.

Hinterher reichte das Geld immer noch zu einigen Glas Bier und zu der Droschke nach Hause.

Und der zweite glückliche Tag war, wenn man die Uhr zurückholte und auf der Treppe zum ersten Male wieder aufzog. Wie sie aufschrie vor Freude!

Man soll die vergangene Zeit nicht loben, da ja das Leben immer schöner ist als das Gestorbene; aber nie werde ich es vergessen können, daß ich meiner silbernen Uhr eine der besten Reisen des Lebens verdanke.

Das war damals, als ich in Bonn studierte. Ich studierte die neueren Sprachen, und deshalb faßte mich plötzlich ein unwiderstehliches Verlangen fortzulaufen so weit wie möglich. Da versetzte ich meine Uhr und, weil das nicht gereicht hätte, auch noch Zellers *Philosophie der Griechen* dazu; dann habe ich mich auf einen Schleppdampfer gesetzt und bin den ganzen Rhein heruntergefahren. An Xanten vorbei, wo Siegfried geboren wurde, bis zu dem finsteren Rotterdam, und von da weiter zur Bahn nach Scheveningen. Dort besah ich mir das Nordmeer und die holländischen Mädchen, die an den Schläfen goldene Untertassen tragen, und bin dann beruhigt wieder heimgefahren.

Ich habe immer noch dieselbe silberne Uhr, die mir nun die Stunden ganz anderer Zeiten zeigt. Aber die griechische Philosophie muß mir auf dem Lebenswege irgendwo abhanden gekommen sein. Und das ist bedauerlich, da man für das Kilo griechischer Philosophie beim Bäcker jetzt dreißig Mark bezahlt.

Das Ende des Wohnungsamtes

Die Nachricht, daß einige Berliner Wohnungsämter bis zum September schließen wollen, hat unter uns Heimatlosen lebhafteste Bestürzung erweckt.

Wie, so fragen wir uns, wie kommt es, daß die Wohnungsämter nur bis zum September geschlossen werden, anstatt daß man sie alle und für immer an die Luft befördert, welches die einfachste Lösung der Berliner Wohnungsnot wäre?

Der Zweck oder das Ziel eines Wohnungsamtes ist offenbar so: deutschen Leuten, die im Kriege ihr Heim verloren haben, ein anderes mit Beschleunigung zu verschaffen. Wie vorzüglich dieser Zweck erreicht wird, sehe ich an einem mir bekannten Beispiel, nämlich an mir: im März 1920 habe ich mich gemeldet, und es hat sich für mich noch kein Heim gefunden. Hingegen war der Korrespondent einer Schweizer Zeitung glücklicher: er brauchte nur mit dem Finger zu winken, und gleich hatte er eines weg.

»Warum«, so sagte mir Herr Dr. Delaporte, der Direktor des Wohnungsamtes, »warum haben Sie kein Mittel, mich ein wenig zu erpressen? Der französische Botschafter hat mir gedroht, daß kein Deutscher mehr nach Frankreich gelassen würde, wenn ich ihm nicht sofort für einen seiner Landsleute eine Wohnung beschaffe. Nun, da habe ich ihm eine beschafft.«

Herr Dr. Delaporte ist der geistreichste Direktor, dem ich je in meinem Leben begegnet bin; er hat mir sogar erlaubt, diese Geschichte öffentlich zu erzählen.

Aus solchen Fällen erklärt sich dann das Gerede, das umgeht, nämlich, daß jedermann eine Wohnung findet, der es versteht, die Sache richtig anzufassen. Oder, daß wir alle schon fertig werden würden, wenn die Wohnungsämter allesamt weggeschickt werden. Einmal muß es ja doch sein.

Schön; aber dann haben wir eine neue Schwierigkeit: was tun wir mit all den Herren und Damen, die in den Wohnungsämtern eine so angenehme Existenz gefunden haben und die unser gutes Steuergeld verzehren? Was sollen zum Beispiel die jungen Herren des Wilmersdorfer Wohnungsamtes anstellen, die es so trefflich heraushaben, heimatlose Bittsteller von oben herab zu behandeln?

Auch dafür ist Rat: die Landwirtschaft braucht Arme, die Ernte steht bevor; viele ackerbautreibende Gemeinden haben um Arbeitskräfte gebeten. Mögen die Beamten der Wohnungsämter sich ein Herz fassen und endlich einen Beruf ergreifen, der den Menschen nützt: den Acker bestellen, die fromme Herde auf die Weide führen.

Allerdings müßten die Herrschaften sich für diese Beschäftigung andere Umgangsformen angewöhnen. Das Rindvieh ist nicht so geduldig wie das Berliner Publikum.

Endlich habe ich den Entschluß gefaßt, nun auch meinerseits jemanden im Wohnungsamt zu bestechen. Das geht ja nicht so weiter; zwei Jahre in möblierten Zimmern zu wohnen.

Und was noch viel schlimmer ist, das sind die dummen Bemerkungen der Bekannten. Was? Sie haben immer noch keine Wohnung? Wissen Sie denn nicht, wie man das macht? Da steckt man sich ein Paar Scheine ein, und dann . . . so im richtigen Augenblick!

Also habe ich mir ein paar Fünfzigmarkscheine eingesteckt. Drei Scheine, denn ich will eine Dreizimmerwohnung haben; und so bin ich nach dem Wohnungsamt aufgebrochen.

Wie ich ankomme, stehen schon dreißig Personen beiderlei Geschlechts da und warten; bald sind hinter mir ebenfalls wieder dreißig Personen aufgelaufen, und so stehen wir alle die Reihe lang in einem finsteren Gang, der rechts und links zahlreiche Türen hat.

Hinter diesen Türen wird der schwere Dienst des Wohnungsamtes vollbracht und für des Volkes Wohl gesorgt, und ich muß sagen, man kann gleich sehen, daß da scharf gearbeitet wird.

Schon zum vierten Male hat das Fräulein mit der weißen Bluse ihre Kaffeekanne an mir vorübergetragen. Schließlich bringt sie die Kanne in das Zimmer, auf dessen Tür geschrieben steht: Kanzlei, Eintritt streng verboten. Und bald hört man aus der Kanzlei fröhliches Geplauder und silberhelles Lachen.

Sie ist übrigens reizend, dieses Fräulein, und es muß ein Vergnügen sein, mit ihr Kaffee zu trinken.

Selbstverständlich ist aus meinem Bestechungsversuch nichts geworden, sondern im letzten Augenblick ist etwas dazwischengekommen. So hatte ich es ungefähr vorausgeahnt.

Also wie ich endlich an der Reihe bin und in das Zimmer des Herrn Vorstand soll, erblicke ich ein Plakat, auf dem geschrieben steht: Bestechungsversuche sind polizeilich verboten.

Nun, da habe ich es natürlich gelassen, denn auf Scherereien mit der Polizei verzichte ich; und froh bin ich nur, daß ich das Plakat im letzten Augenblick gesehen habe.

Drinnen hat mir der Herr Vorsteher dann gesagt, daß sich da gar nichts machen lasse und daß ich nur immer Geduld haben solle. Und so bin ich wieder abgezogen, mit meinen Scheinen in der Tasche und mit dem guten Gewissen.

Aber je mehr ich mir das alles überlege, zwei Dinge sind mir vollständig unbegreiflich: erstens, warum sind Bestechungsversuche denn jetzt eigentlich auf einmal verboten? Und zweitens, wie soll ich mir dann eine Wohnung verschaffen, wenn ich niemanden bestechen darf?

In Karlsruhe sind die Scharfrichter in eine Lohnbewegung eingetreten; sie weigern sich, irgend jemanden zu köpfen, wenn man ihnen nicht die Gage erhöht.

Gleichzeitig drohen in Berlin die Schauspieler mit dem Streik; aber dieses Zusammentreffen ist offenbar nur ganz zufällig.

Die Lokomotivführer haben ihre Maschinen stehenlassen, und achthundert Frankfurter Großkaufleute, die nach Berlin wollten, mußten deshalb in Fulda liegenbleiben. Diese achthundert Großkaufleute können sich nun vorläufig das Grab des heiligen Bonifatius besehen, was für sie eine Abwechslung bedeutet und ihnen nur guttun wird.

Die Oberkellner haben gestreikt, denn sie waren wütend darüber, daß man ihnen ein Trinkgeld gab. Sie haben ihre Forderung durchgesetzt, und wenn du ihnen daraufhin nur die Zeche bezahlst und weiter nichts, so schmeißen sie mit den Stühlen; denn jetzt sind sie wütend darüber, daß man ihnen kein Trinkgeld gibt.

Es haben gestreikt: die Totengräber und die Tanzlehrer, die Abortfrauen, die Hebammen, die Tierbändiger und die Kartenlegerinnen. Nur die Dichter, die haben noch niemals gestreikt und werden niemals streiken.

Das läßt sich vielleicht schon daraus erklären, daß alle besseren Dichter wohlhabend sind. Von Horaz über Voltaire bis zu Hauptmann gilt das so, daß der Dichter fern von der Stadt sein Landhäuschen hat, in dem sich's leben läßt. Freilich haben es nur wenige so weit gebracht wie Bernard Shaw, der in London mehrere Häuser besitzt und den armen Leuten die Mieten steigert, was ihm dann Stoff für seine ätzenden Satiren gibt.

Und die kleinen Dichter, die Jungen, Unbekannten, die im Caféhaus sitzen und in den Revuen manchmal ebenso gut schreiben wie die Großen … , die danken ja Gott, wenn man sie überhaupt abdruckt, und die sind das Verhungern gewöhnt. Sie haben ernstere Sorgen als das Geld.

Und wenn sie einmal auf solchen Einfall kämen, wenn sie alle, die Großen und die Kleinen, sagten: Wir schreiben keinen Vers mehr, bevor die heilige Poesie nicht den Preis hat, den sie verdient, ach, sie würden sehen, daß die Welt bequem auch ohne sie leben kann, und es gäbe einen Hereinfall.

In dem Gefüge der bürgerlichen Gesellschaft sind die Dichter leichter entbehrlich als die Abortfrauen.

In der Bar, bald ein Uhr nachts. Blonde, wohlgenährte Damen gehen ein und aus und tun so, als seien sie hier zu Hause. Ganz geschäftsmäßig. Sie sind gesunde, stattliche Personen, diese Berliner Mägdlein der Lust; kaum eine, die etwa verlebt aussieht; nicht eine einzige, der das schwarze Feuer der Leidenschaft aus den Augen leuchtete. Im Gegenteil: die eine sieht genau so aus, wie Wilhelm Tells Gattin in Schillers bekanntem Schauspiel.

Alle diese blonden Dinger stammen wohl aus dem Lande. Sie waren vor nicht allzu langer Zeit Mägde auf einem Dorf in der Mark; dann kamen sie nach Berlin als Mädchen für alles in ein honettes Bürgerhaus. Jetzt sitzen sie hier, trinken *mixed drinks,* haben Hüte mit falschen Federn auf dem Kopf und sind … nun: wenigstens Mädchen für alle sind sie immer noch. Und es ist ziemlich ausgeschlossen, daß sich jemand irgendwie für diese einigermaßen langweiligen Geschöpfe erregen könnte.

Die Herren hier in der Bar machen auch nicht viel Anstalten dazu. Die sitzen gemütlich beieinander, erzählen sich etwas von ihren Geschäften und von dem letzten Rennen, und wenn sich eine der blonden Damen hinzusetzt, so ist es auch noch so. Auch scheinen diese Herren alle mehr oder minder verheiratet zu sein, und junge Leute sieht man selten. Denn das ist bei uns in Deutschland so: der junge Mann ist eigentlich bis tief in die Zwanzig zu unbeholfen und nicht recht aufgelegt zu so etwas. Der Student hat seinen Komment, der junge Kaufmann seinen Wassersport. Auf die erotischen Seitensprünge kommt man erst in verheirateten Jahren … soweit in diesem Nachtleben hier von Erotischem überhaupt geredet werden kann.

Tells Gattin setzt sich zu mir an den Tisch. Ich lasse ihr einen *Cherry Brandy* bringen, und wir unterhalten uns eine halbe Stunde über die Bebauung des Tempelhofer Feldes.

Draußen auf der Straße. Das ist wie ein Rummelplatz. Die Lichtreklamen überschreien sich; die Eingänge zu den Restaurationen sind mit bunten Gipsattrappen verziert; phantastisch aufgeputzte Portiers stehen einladend davor; Greise verkaufen zweideutige Zeitschriften, und selbst von dem Nachthimmel blinkt es, sich überbietend herab: »Echte Bauernschenke«, »Echteste Bauernschenke«, »Einzig allerechteste Bauernschenke nur hier«.

Das ist das herrliche Berliner Nachtleben. Berlins Stolz und sein Ruhm, weit gefeiert über alle Lande. Rom hat sein Kolosseum, Pisa den schiefen Turm, Amerika die Negerlynchungen, Wien das goldene Herz … wir haben das Nachtleben. Um dieses Nachtleben zu sehen, kommen die Völker zu uns, und der Verein zur Hebung des Fremdenverkehrs soll den Bars und Kabaretts dankbar sein. Sie ziehen mehr als der schönste Balkonwettbewerb jemals ziehen wird.

Wirklich sind es wohl in der Mehrzahl Fremde, die sich jetzt so hier um zwei Uhr nachts herumtreiben. Der Berliner ist zu ernst und zu fleißig zu so etwas und zu sparsam, um Geld auszugeben. Ich bin ein alter Berliner und kenne den Betrieb kaum, sehe ihn mir jetzt so an wie eine seltsame Merkwürdigkeit. Gewöhnlich trinke ich des Abends meinen Tee, lese ein paar Seiten in den Reden des Cicero und lege mich dann schlafen. Und ich bin fest überzeugt, daß die meisten Berliner es genau so machen wie ich.

Ein verschwiegenes Tanzlokal in einer ersten Etage. Die Habitués kommen umsonst herein. Dummköpfe – wie ich – zahlen drei Mark Eintrittsgeld und noch eine Mark für die Garderobe. Das verpflichtet sie dann, drinnen im Lokal eine Flasche sogenannten Sekt zu trinken, wobei sie jener makabren Übung zusehen dürfen, die man bei uns Tanz nennt. Die dicken blonden Damen drehen sich, immer zwei zu zwei, im Kreise herum und machen die feierlichsten Gesichter dazu. Gibt es kein Rasen bei euch, keinen Aufschrei jemals, kein Beinwerfen; wird nie ein Tisch mit klirrenden Gläsern umgeworfen; habt ihr Siechenbier statt des Blutes in den Adern?

Eine der Stattlichen kommt auf mich zu, fächelt sich den Schweiß trocken, und ich sehe, wie sie auf ihrem Gesicht alle Anstalten zu einem gründlichen Lächeln macht. Aber ich habe das Thema vom Tempelhofer Feld erschöpft und winke dankend ab.

Tief in der Orgie glaube ich, auf einem Nachtomnibus folgendes Gespräch gehört zu haben. Es war aber vielleicht nur ein Phantasma, nur die Ausgeburt des schlimmen Sektes und des Cherry Brandy. Folgendes Gespräch:

Frau Lehmann: Was, Frau Krause, Sie nehmen Ihr einjähriges Kind nachts mit zum Tanzvergnügen?

Frau Krause: Nanu, Frau Lehmann, denken Sie, ich bin eine so schlechte Mutter, daß ich mein Kind nachts allein lasse? Natürlich nehme ich es mit aufs Tanzvergnügen; ich kann es ja in der Garderobe abgeben.

Sehen wir also noch in eine dieser echtesten Bauernschänken hinein. Hier herrscht die Biederkeit, und die deutsche Gemütlichkeit wird dir dick aufs Butterbrot geschmiert – mit Schnittlauch.

Ein dicker Kellner, der aus irgendwelchem Humor heraus eine römische Toga trägt, drückt dir die Rechte und sagt dir: Guten Abend, Herr Baumeister. Auch bewährt dieser Kellner sich sonst noch sehr jovial, gibt muntere Zurufe von sich, jodelt und ist sehr lustig, denn dafür wird er bezahlt. Bisweilen aber macht er in dieser angreifenden Tätigkeit eine kleine Pause, setzt sich in die Ecke, trinkt dort düster und sorgenvoll ein Glas Zitronenlimonade und blickt brummig vor sich hin.

Eine gipserne Kuh sieht aus einem Loch hervor; ein Ziehbrunnen aus Pappe steht in der Ecke; Wachsfiguren grinsen von den Wänden, gemalte Bäume und gekleckste Felsen ... welch Traum, welch Albdrücken.

Oben auf der Galerie scheint das bessere Publikum zu sitzen, die Elite, und es gehört zum guten Ton, diese Elite mit Bierfilzen zu bewerfen.

Aber nun tritt der dicke Oberkellner in die Mitte des Lokals und singt mit Gefühl ein schwermütiges Lied, dessen Refrain lautet: »Ihm hat ein goldner Stern gestrahlt.« Gerührt hört die Elite zu und zerdrückt verschiedene Tränen in den respektiven Augen.

Die heilige Frühe leuchtet durch die Büsche des Tiergartens, wenn ich im Automobil heimwärts eile, Friedenaus Gefilden zugewandt. Mit einer Flasche Schaumwein, sieben Pilsenern und drei Schnäpsen im Leibe und mit den dazugehörigen Nebeln im Kopfe. Die ersten Vögel regen sich, rufen sich im Busch und gehen froh und klar an die stillen Geschäfte ihres Tages. Es ist eine Schmach, denke ich mir zerknirscht und schäme mich, ein Mensch zu sein.

Es ist eine Schmach, daß man so viel trinkt, so murmele ich vor mich hin. Und mit diesen Worten lasse ich das Automobil vor einem Café halten, das zum Glück noch geöffnet ist. Dort trinke ich in Ruhe zwei Gläschen Pilsener und einen Schnitt und bedenke voll Reue all diese Dinge.

Paar, 1919. Zeichnung von George Grosz

Ein Unternehmer hat eine neue Art von Reklame erfunden.
Neue Arten von Reklame sind immer interessant, ja, sie haben
etwas schauerlich Anziehendes. Die Nachricht, daß eine neue
Reklame erfunden worden ist, wirkt auf uns so ein, wie auf die
Leute im Mittelalter die Mitteilung gewirkt haben mag, daß
eine neue Tortur eingeführt werden solle.

Übrigens sind sich Reklame und Tortur nahe verwandt und
arbeiten mit denselben Mitteln: sowohl der Reklameagent wie
der Folterknecht müssen sich auf die Psychologie verstehen,
damit sie aus ihren gepeinigten Objekten das letzte herauspres-
sen können.

Das neue System besteht darin, daß man auf die Theaterzettel
unserer Anschlagsäulen noch eine andere Reklame hinüber
und dazwischen druckt. Das wäre demnach eine Reklame auf
der Reklame und erinnert an die naturwissenschaftliche Tatsache, daß die Flöhe ihrerseits Ungeziefer haben.

Also beispielsweise so: auf den Theaterzettel für *Tristan* wird,
zwischen den Zeilen, eine Anpreisung des antiseptischen
Mundwassers Opal hinaufgedruckt. Der Bürger liest die
Besetzung der Oper und liest die Anpreisung; er kauft sich ein
Billett und einen Flacon und ist so in der Lage, abends Wagners
Meisterwerk zu genießen, nachdem er sich vorher mit Opal
erfrischt und antiseptisch gesäubert hat. Misceat utile dulci.

Man muß nämlich richtig verstehen, daß die Blicke des Menschen eine Energiequelle darstellen, die wirtschaftlich ausgenutzt

werden kann wie das Gefälle eines Wasserlaufs. An Stellen, auf die das Publikum häufig hinsieht, stellt man Tafeln auf, die diese Blicke auffangen, dann kauft das Publikum und fördert so die nationale Produktion. Genau so, wie man in den schnellen Fluß ein Wasserrad hineinstellt, das Maschinen treibt und Güter erzeugt.

Im Walde von Fontainebleau befindet sich jene Wiese, die Millet auf dem Bilde *Angelus* dargestellt hat. Jeder, der vorbeikam, blieb stehen und betrachtete die berühmte Landschaft ... und für die Rentierung geschah nichts.

Da kam die Pneumatikfirma Michelin einher und ließ eine Riesenreklamebretterwand quer über die Wiese zimmern. Nun ist jeder, der die Wiese betrachten und an den Angelus denken will, er ist gezwungen, die Wand zu lesen. Und er kauft einen Gummireifen. Und der Handel blüht. Und der Wohlstand des Landes wächst auf das wünschenswerteste.

Vergeude keine Energie, lehrte Professor Ostwald.

Unbegreiflich bleibt nur, warum noch niemand auf den Gedanken gekommen ist, die Bilder in den Galerien zur Mitarbeit heranzuziehen.

Stumm hängt an der Wand des Museums Tizians Tochter Lavinia und sieht das Publikum mit schmachtenden Augen an. Der Besucher seinerseits betrachtet das Bild von rechts, von links, von nah und aus der Entfernung, und alle diese Blicke sind für die Volkswirtschaft vollkommen verloren. Könnte man nicht quer über das Bild eine große Inschrift anbringen lassen, etwa: *Sind's die Augen, geh' zu Kunze?* Damit doch etwas Greifbares fürs Geschäft herauskommt.

Der Omnibus 8, der von Wilmersdorf nach dem Alexanderplatz fährt, trägt im Volksmund den Namen *Orientexpreß;* und er führt diesen Namen mit Recht, da er eine schnelle und luxuriöse Verbindung zwischen dem zivilisierten Westen und dem malerischen Osten darstellt. Die Villenbesitzer von Wilmersdorf benutzen ihn stets, wenn sie etwas im Osten zu tun haben, sei es an der Börse oder im Dom oder im Polizeipräsidium.

Es ist angenehm, auf dem Verdeck dieses schnellen Wagens dahinzufahren; man eilt wie im Fluge durch die Städte der Mark und lernt ihre merkwürdigen Stätten kennen sowie die Sitten ihrer Bewohner.

So ist es mir dieser Tage aufgefallen, wieviel Damen jetzt mitten in der Stadt ohne Hut herumgehen.

Denn wenn man vom Verdeck eines Omnibusses herunterblickt, so sieht man naturgemäß zuerst die Köpfe von Menschen und wird geneigt sein, Betrachtungen gerade an diesen Körperteil zu knüpfen.

Also sehr viele Damen, die jetzt in der Potsdamer und Leipziger Straße ihren Ankäufen und sonstigen Beschäftigungen nachgehen, tragen keinen Hut, sie sind, wie man zu sagen pflegt, im bloßen Kopf. Und zwar sind das nicht nur junge Dinger, die etwa so einherhüpfen; nein, auch üppige Brunhilden reiferen Alters und sogar grauhaarige Matronen gehen unbedenklich ohne Hut die Straße entlang. Und man glaubt es ihnen anzusehen, daß sie stolz sind auf diese Neuerung und auf ihren Wagemut.

Das soll vermutlich eine Rückkehr zur Natur darstellen; aber erstens sind Rückkehren zur Natur fast immer häßlich und unnatürlich; und zweitens läßt sich in diesem Falle die Bemerkung nicht unterdrücken, daß eine Dame ohne Hut auf der Straße von einem Dienstmädchen kaum unterschieden werden kann. Das ist keine Beleidigung, da ja die Dienstmädchen besser bezahlt werden, also sozial höher stehen als die Sanskritforscher; es soll einfach gesagt werden, wie es ist: wenn ich solch stattliche Blondine ohne Hut, aber mit der Handtasche über die Leipziger Straße gehen sehe, so habe ich das Gefühl, Minna ist ausgeschickt worden, um einen Brief in den Kasten zu werfen.

Die Kopfbedeckung ist das sozial wichtigste Kleidungsstück, das einzige, an dem sich der Charakter und der gesellschaftliche Rang der Menschen klar erkennen lassen. Deshalb haben Personen, die etwas sind, stets ihre Würde durch den Hut angezeigt, den sie aufsetzten. Deshalb trug der König früher eine Krone, deshalb trägt der Herr Direktor einen Zylinder, der Häuptling die bunte Feder des Argusfasans und der Komponist den Schlapphut, dessen unregelmäßige Form das göttliche Chaos seiner Künstlerseele wiedergibt.

Glauben Sie mir auf dem Omnibus, meine Damen, und behalten Sie Ihre Hüte lieber auf. Mit den nachgemachten Blumen, den gefärbten Federn und den imitierten Kirschen aus Wachs; damit wir aus diesem Zierat erkennen, daß Sie aus einer poetischeren Welt herstammen als wir.

In Amerika baut man jetzt an einem Hotel, dem Palmes House, das 2600 Zimmer haben soll und dessen Korridore 65 Kilometer lang sein werden. 65 Kilometer, das ist eine Strecke, die ein guter Fußgänger in zwei Tagen zurücklegen kann.

Nun wird ja wohl selten ein Gast die ganzen Korridore des Hotels Palmes House abschreiten wollen; aber es könnte sich doch einmal folgender Fall ereignen: spät abends kommt ein Ehepaar an; das Ehepaar verlangt zwei getrennte Zimmer, weil der Mann die Frau immer durch das Schnarchen stört, es sind aber nur die Zimmer 1 und 2600 frei. Und nun ergibt es sich, daß der Mann mitten in der Nacht zu seiner Frau möchte; aus irgendeinem Grunde, sagen wir einmal, weil die Frau sein Nachthemd in ihren Koffer getan hat, oder dergleichen. Was tut der Mann nun? Wird er die 65 Kilometer zu Fuß laufen?

Hoffentlich hat man im Innern des Hotels Palmes House eine Schmalspurbahn angelegt.

Das komfortabelste Hotel, das ich kenne, ist das alte Herrenhaus zu Hernskretschen in Böhmen an der sächsischen Grenze. In dem Zimmer, das ich dort bewohnte, befand sich eine große Treppe mit geschwungenem Geländer. Welchen Zweck diese Treppe hatte, weiß ich nicht, aber eine Tatsache ist, daß ich die Treppe immerfort auf- und abgestiegen bin und meine Freude daran gehabt habe.

Abends sitzt man mit dem Förster und dem Grenzwärter in der Gaststube, wo die großen Geweihe an der Wand hängen.

Die Uhr tickt und draußen braust die Elbe. Und man trinkt Schnaps und unterhält sich von der Leiche, die heute früh aus dem Wasser gezogen worden ist.

Wie ich Sadist wurde

Dieser Tage erhielt ich eine Einladung zum Kostümball. Ein Verein sandte mir diese Einladung, und alle feinen Leute sagten, man müsse hingehen; da sei es immer sehr lustig und auch wirklich stilvoll.

Natürlich bin ich nicht hingegangen, denn ich gehöre nicht zu den feinen Leuten, sondern bin in der Gehirnbranche tätig, was ein zwar ehrenvolles, aber unrepräsentables Gewerbe ist.

Aber seitdem ich diese Einladung erhalten habe, beschäftigt mich der Gedanke: als was, das heißt, in welcher Kostümierung würde man wohl jetzt auf einen solchen Maskenball zu gehen haben.

Da bieten sich mannigfaltige Anregungen.

Die Herren gehen vielleicht als Rabindranath Tagore mit dem langen Wackelbart; oder als Boxchampion in der Badehose; oder als Fascist im schwarzen Hemd, wozu mancher Kavalier sein Hemd nicht erst zu wechseln brauchte.

Die Damen als Lieblingsweib des Maharadscha oder einfach als Nackttänzerin.

Wie mir der Einfall gekommen ist, weiß ich nicht, aber ich glaube, ich selber würde als Fuhrmann Henschel hingegangen sein. In der ledernen Schürze und hohen Stiefeln und mit einer ganz langen Kutscherpeitsche in der Hand. Es wäre gewiß sehr originell gewesen und hätte auch noch als eine verspätete Huldigung zu Hauptmanns Geburtstag aufgefaßt werden können.

So hätte ich mich vor den Tischen aufgestellt, an denen die feinen Leute Champagner in Kristallbechern trinken und echten russischen Kaviar essen, denn deutschen Kaviar fressen nur Schweine. Und alle hätten sich sehr gefreut und mir zugetrunken.

Und dann hätte ich mit der Peitsche geknallt. Und nun immer hineingepfeffert von oben nach unten und von rechts nach links. Ach, wie die Rabindranaths gehüpft wären, und wie alle Lieblingsweiber gekreischt hätten.

In diesen Gedanken wälze ich mich jetzt Tag und Nacht und muß zu meiner Beunruhigung merken, daß ich ein sinnliches Vergnügen daran zu finden beginne.

So kann selbst ein keusches Gemüt sich vor der Ansteckung nicht bewahren in dieser fleckigen Zeit.

Die Engländer haben beschlossen, sich wieder Schnurrbärte wachsen zu lassen, und das glattrasierte Diplomatengesicht soll aus der Mode kommen. Und die Schwierigkeit ist nun: wie werden wir uns zu diesem Modenwechsel verhalten.

Seien wir mutig genug, um einzugestehen, daß vor dem Kriege die Dinge so standen: wir schmähten die Engländer und machten ihnen doch alles nach, was sie vorgemacht hatten. Weil Lords auf der Reise helle karierte Anzüge bevorzugten, kleideten wir uns zu Hause ebenso. Aus demselben Bestreben der Imitation heraus legten wir die geliebten Röllchen ab, fingen manchmal an zu baden und verzichteten sogar auf die Sitte der Väter, das Messer beim Essen in den Mund zu stecken. Doch hat sich dieser alte Brauch in den einfachen, unverderbten Schichten des Volkes noch treu erhalten.

Ebenso begannen damals fortgeschrittene Gemüter sich das ganze Gesicht zu rasieren, um den scharfen Zügen Mister Greys oder Oscar Wildes nahezukommen.

Frivol mag – in schwerer Zeit – die Beschäftigung mit Kinkerlitzchen erscheinen. Aber es lockt den Beobachter immer wieder, den feinen und grotesken Fäden nachzuspüren, die sich durch den groben Knäuel der Begebenheiten verlaufen.

Und dies hier ist solch ein groteskes Nebenspiel, daß zwischen den Gesichtshaaren und der Politik eine Art von Zusammenhang vorliegt, daß der Mann seine Gesinnung durch die Form des Bartes auszudrücken sucht. Wer in Athen einen Vollbart trug, wollte dadurch anzeigen, daß er stoischer Philosoph sei und sich um die Angelegenheiten des Staates nicht kümmere; der einfache Schnurrbart dagegen galt als ein Zeichen barbarischen Ursprungs und Geschmacks. In den vierziger Jahren des vorigen Jahrhunderts wurde in Deutschland der Schnurrbart von der Behörde verboten, deshalb trugen ihn freie Geister nun erst recht, um ihre Unabhängigkeit zu bekunden. Und wiederum fünfzig Jahre später wurde der deutsche Schnurrbart ein Symbol staatserhaltender und feudaler Denkart, jener aufgezwirbelte Habybart, den selbstbewußte Männer auf den Pariser Boulevards und im Hydepark spazieren führten und dessen Arroganz dazu beigetragen hat, die geringe Beliebtheit, die man uns gönnte, weiter zu vermindern.

Noch eines kommt hinzu: Der Schnurrbart, wenn er recht geschnitten, verdeckt den Mund, und das ist ein Vorteil. Denn um den Mund, aus dem die trügerische Rede des Menschen hervorkommt, zucken die Falten der List und des Hohnes, und es ist besser, wenn der andere das nicht sieht.

Deshalb erwecken glattrasierte Gesichter stets ein unbehagliches Gefühl des Mißtrauens; deshalb machen Männer mit großen Schnauzbärten immer den Eindruck von Biederleuten. Und vielleicht denken die Engländer an diesen Vorzug, wenn sie jetzt die Haare wieder wachsen lassen.

Man vergleiche Chamberlain und Lloyd George. Dem Komödiantengesicht des Kolonialministers hat nie ein Mensch über den Weg getraut. Aber auf Lloyd Georges treuherziges Schnurrbartgesicht fallen die Völker immer wieder hinein; weil sie die pokerspielenden Mienen um seine Lippen nicht sehen.

Als in der Zeitung ein Vortrag des Herrn Marinetti über Brui-
tismus und Futurismus angekündigt wurde, habe ich mir ein
Billett gekauft in der Hoffnung, einmal etwas recht Spaßhaftes
mitzumachen.

Man weiß ja, wie das mit Herrn Marinetti zu verlaufen pflegt.
Er stellt sich auf das Podium, fordert die Leute auf, alle Museen
zu verbrennen und ahmt Tierstimmen nach; und das Publikum
seinerseits antwortet, indem es Äpfel, Eier und andere Nah-
rungsmittel wirft. Weil ich so etwas auch einmal mitmachen
wollte, deshalb bin ich in den Vortrag gegangen.

Ich muß gestehen, daß die Sache nicht ganz meinen Erwartun-
gen entsprochen hat. Herr Marinetti begann mit einem begei-
sterten Loblied auf Michelangelo und auf die ganze alte Kunst.
Und was er über den Futurismus sagte, das klang auch peinlich
gemäßigt und verständig; er meinte beispielsweise: gerade weil
Italien von einer solchen Überlast gewaltigster alter Kunst
bedrückt sei, mußte dort die Explosion alles Exzentrischen
erfolgen; weil die jungen Temperamente sich nicht in der
Nachahmung Raffaels und Giorgiones erschöpfen wollten,
deshalb zerstörten sie alle gezeichnete Form, deshalb kamen
jene farbenchaotischen Bilder, vor denen das Publikum weni-
ger lachen würde, wenn es wüßte, wieviel menschlicher Kampf
und wieviel Verzweiflung darinnen stecken.

Herr Marinetti sieht übrigens aus wie Caillaux, glatzköpfig
und elegant, und er hat auch dieselbe nervöse, krächzende
Sprechart wie jener berühmte Finanzminister. Nur was die

beiden Männer sprechen, klingt voneinander sehr verschieden. Caillaux redet immer von Einkommensteuern und kurzfristigen Schatzbons; Marinetti spricht Sätze wie: »Ohne Kunst könnte ich keinen Tag leben« oder: »Entwickeln wir unser Taktgefühl, damit wir den Lyrismus der Materie mit allen Sinnen aufnehmen.«

Die Künstler sind eben angenehmere Leute als die Finanzminister.

Dann las uns Herr Marinetti ein bruitistisches Gedicht vor. Das sind, wie man weiß, Gedichte, die mit abgerissenen, grammatiklosen Worten und einfachen Geräuschen irgendeinen Zustand oder Vorgang schildern wollen. Sieht man solche Werke im Buch gedruckt, so machen sie sich sehr komisch, und deshalb hatten wir alle gerade von dieser Vorlesung den eigentlichen Hauptspaß erwartet.

Das Gedicht des Herrn Marinetti hieß: »Der Kampf in neun Stockwerken« und schildert ein Gefecht auf den Bergabhängen am Gardasee. Tausende von Metern hoch hängen die Soldaten, und es ist bald eine Schießerei, bald die Stille der Bergwelt; und alles das macht Herr Marinetti mit Worten und Geräuschen nach.

Dieser glatzköpfige Herr (der aussieht wie ein Finanzminister) breitet die Arme aus und macht wrwrwrwrwr, und das ist ein Aeroplan, der hinter dem Berge hervorkommt; er gibt das Geschwätz der Soldaten, die in der Sonne liegen und sich langweilen, und das Gepiepe der Meisen, die zum Worte kommen, wenn die Kanonen schweigen. Und nun duckt er sich zusammen und macht (pianissimo) *pau pau pau pau* ..., und dieses pau pau, das ist da ganz unten in der Tiefe ein Motorboot, das langsam über den Spiegel des Gardasees hinzieht.

Keiner von uns hat gelacht, keiner hat gelächelt, und zum Schluß gab es einen gewaltigen Beifall. Und doch bin ich überzeugt, daß die Mehrzahl der Zuhörer ebenso wie ich mit der Hoffnung hergekommen war, einmal einen rechten Ulk zu erleben.

Nachwuchs, ca. 1921. Zeichnung von George Grosz

Tagore der Zweite

Der Mode-Inder dieses Jahres wird der Mr. Sidi Soda Singh
sein. Das heißt, ich weiß nicht genau, ob der Name so richtig
ist; ich las ihn gestern in der Zeitung und schreibe ihn aus dem
Gedächtnis hin.

Die Namen dieser indischen Weisen, die jetzt nach Europa
kommen, sind ja so außerordentlich schwer zu behalten. Zwei
Jahre hat es gedauert, bis die gebildete Gesellschaft Deutsch-
lands den Namen Rabindranath Tagore fließend aussprechen
konnte. Und selbst dann sprach die gebildete Gesellschaft den
Namen nicht richtig aus, denn es heißt nicht Tagore, sondern
Taguhr, da ja dieser Weise letzten Endes der Untertan des
Königs Georg ist.

Der neue indische Weise also, Mr. Sidi Soda Singh, ist soeben
in Marseille angekommen und in einem Palacehotel abgestiegen, und von dort aus wird er sich alsbald nach Deutschland
begeben, wo die vielen guten Leute wohnen. Schon rüsten sich
die Denker von Darmstadt, um den Gast möglichst tiefsinnig
zu empfangen, und dann sitzt im Hörsaal die Menge dichtge-
drängt und lauscht der östlichen Weisheit.

Diese Weisheit lautet im allgemeinen so: Der Tod ist die Voll-
endung des Lebens. Trachten wir danach, unsere Seele zu
durchgeistigen und unseren Geist zu durchseelen. Gott ist in
eines jeden Menschen Herzen gegenwärtig, deshalb sind alle
Menschen Brüder. Und so weiter.

Solche Reden werden sonst von der literarischen Kritik mit
dem fachwissenschaftlichen Ausdruck Schmus bezeichnet;

aber wir verdrehen die Augen, wenn ein Hindu sie uns vorträgt, der englisch spricht.

Schließlich wird Mr. Sidi Soda Singh im Herbst wieder nach Indien heimkehren mit einer sehr gut garnierten Brieftasche, und im nächsten Jahr kommt ein anderer Missionar herüber. Denn allmählich spricht es sich ja doch unter den Weisen herum, daß sich in Europa mit der Verinnerlichung viel herausschlagen läßt.

Früher war das alles umgekehrt; da zogen die europäischen Missionare aus, um die farbigen Völker zu bekehren. Doch verlief das damals meist ganz anders. Der europäische Missionar ging zu den Negern in den Urwald, wo es keine Palaces und keine Speisewagen gibt. Dort verkündete er den Schwarzen die acht Seligkeiten der Bergpredigt und lehrte sie die schwierige Kunst, eine Hose zu tragen. Ein Eintrittsgeld erhob er nicht, doch geschah es hin und wieder, daß solch ein Missionar von seinen dankbaren Schülern am Spieß gebraten wurde. So etwas wird weder dem Mr. Tagore noch dem Mr. Sidi Soda Singh jemals zustoßen. Denn sie sind Weise.

Jetzt werden überall Erinnerungen erzählt, an Bethmann Hollweg, an den Kaiser Wilhelm und alle die großen Gestalten jener Zeit; da möchte ich auch einmal ein Erlebnis berichten; nur eines, und es soll nicht wieder vorkommen. Denn ich bin ja ebenfalls dabeigewesen, wenn ich auch keine solche Führerrolle gespielt habe wie eben der Bethmann Hollweg und der Kaiser und so weiter.

Es war in dem Gefängnis von Besançon, in dem ich schon seit drei Monaten saß. Ich bewohnte daselbst eine Zelle, die so groß war wie ein bürgerlicher Abort, aber nicht ganz so gut roch und die ständig finster gehalten wurde; doch hatte ich die Erlaubnis, jeden Tag zehn Minuten auf dem Hof spazieren zu gehen.

Eines Tages nun, als ich auf den Hof trat, sah ich einige Offiziere stehen, die zu mir hinsahen; es waren auch zwei Russen darunter. Sie unterhielten sich offenbar über mich, und zwar sprachen sie so laut, daß ich beim Spazierengehen hören konnte, was sie sagten. Sie sprachen vom Kriegsgericht und daß dieser Mensch da drüben der Gefährlichste von allen Spionen sei und daß man gestern wieder zwei Spione im Festungsgraben erschossen habe.

Natürlich hört so etwas niemand gern, wenn ich mir auch sagen mußte, daß es wohl nicht so schlimm sei und daß die Herren sich zu ihrer Morgenzigarre nur einen kleinen Spaß machen wollten.

Da trat unser dicker Dolmetscher auf den Hof; er grüßte erst die Offiziere, dann winkte er mir fröhlich zu und hielt einen großen Brief hoch. »Für Sie, aus der Heimat!« rief er. Es ging mir ganz kalt durch, denn bis jetzt hatte ich noch nie etwas von den Meinen gehört in diesen drei Monaten. Der Dolmetscher trat an mich heran und gab mir den Brief, dabei drückte er mir heimlich die Hand und sagte lachend: »Courage, mon vieux!«, denn er war immer ein sehr lustiger Mann.

In dem Brief befand sich ein Buch, und zwar der *West-Östliche Divan,* den mir mein Bruder sandte. Ich öffnete das Buch aufs Geradewohl und las durch einen verschwimmenden Nebel die Verse: Woher ich kam? Es ist noch eine Frage, [Mein] Weg hierher, der ist mir kaum bewußt; Heut nun und hier am himmelfrohen Tage, Begegnen sich, wie Freunde, Schmerz und Lust.

Ich hatte dieses Gedicht eigentlich noch nicht gekannt, aber seitdem habe ich es oft gelesen. Besonders wenn draußen auf der Straße eine Gedenkfeier veranstaltet wird, mit Reden und Fahnen, lese ich diese Verse wieder und denke daran.

Denkt an die Nachwelt!

In Wien weiß man nicht, wo man die Kriegsdokumente des letzten Krieges unterbringen soll.

Es gibt in Wien viele große Gebäude von der kaiserlichen Zeit her, die Reitbahn, die Pferdeställe und überhaupt die Hofburg. Aber keines dieser Gebäude ist umfangreich genug, um die Aktenstücke des Krieges, die der Nachwelt erhalten werden sollen, aufnehmen zu können.

Allein die Berichte des Generalstabs umfassen 125000 Foliobände. Das sind die Bulletins über den Vormarsch, über das Trommelfeuer und über das strategische Rückzugsmanöver. Dazu kommen noch die mindestens ebenso zahlreichen Akten der Kriegsgerichte, die glücklicherweise alle gerettet worden sind. Ferner die schriftlichen Gutachten der technischen Kommissionen: über die Wirkung der Stinkbomben u. dgl.

Bei uns in Deutschland werden diese Sammlungen noch viel größer sein. Alle diese Dokumente sind durch ein gütiges Geschick erhalten worden und müssen nun für die Nachwelt aufgehoben werden.

Aber wohin damit?

Es wird wohl nichts anderes übrigbleiben, als ein Palais im Renaissancestil zu errichten, mit einem Porticus und mit einer Gruppe auf dem Giebel, etwa die Göttin Abundantia mit dem Füllhorn darstellend. Drinnen muß es Fahrstühle geben und große Säle mit Zentralheizung.

In diesen Sälen wird dann die Nachwelt sitzen und sich wärmen. Und sie, die Nachwelt, wird militärwissenschaftliche

Artikel schreiben über den Gebrauch der Stinkbomben. Man muß leider feststellen, wird die Nachwelt schreiben, daß in dem Krieg 1914 – 1918 die Stinkbomben noch in ihren Kinderschuhen gesteckt haben.

»Wer weiß, ob an der Nachwelt viel ist?« schrieb Jean Paul. Aber Jean Paul wußte niemals etwas. Wir wissen ganz bestimmt, daß es in betreff der Nachwelt nur zwei Möglichkeiten geben kann: entweder die Nachwelt ist genauso dumm wie wir; oder aber sie ist noch wesentlich dümmer geworden.

Im Abteil des Schnellzuges, der von der Grenze kommt, spielt ein kleines Kindchen und belästigt alle Leute. Es ist ein fünfjähriges Knäblein, das immerzu spricht und mich am Knopf zieht und mir die Zeitung fortnimmt, worüber seine Eltern, wie es scheint, ganz entzückt sind.

Ich kann kleine Kinder nicht leiden. Nicht deshalb, weil sie uns bemachen, wenn wir sie auf den Schoß nehmen. Im Gegenteil, das ist noch die einzige charaktervolle Eigenschaft der Kinder und ein Beweis, daß sie ein Gefühl von Selbständigkeit haben. Wenn mich jemand auf seinen Schoß nehmen wollte, würde ich ihn auch von oben bis unten vollmachen.

Nein, aber fast alle Kinder sind boshaft und dumm, verlogen und egoistisch. Tugendhaft, also bescheiden, gütig undsoweiter wird der Mensch ja erst, wenn das Alter kommt und es mit den Kräften abwärts geht.

»Was willst du denn einmal werden?« fragte ich das Knäblein, um doch etwas zu sagen.

»Gepäckträger«, antwortet das Knäblein.

Gepäckträger? Die Gepäckträger gehören zu den gesuchtesten und am besten bezahlten Leuten der Zeit, und sie bekommen wahrscheinlich mehr an fremden Geldsorten als irgendein anderer Beruf. Noch vorhin, in Freiburg, hat eine Schweizer Dame ihrem Gepäckträger fünf Franken gegeben. Vielleicht sind die heutigen kleinen Kinder also nicht mehr so dumm wie die zu meiner Zeit.

Zu meiner Zeit, als ich klein war, wollte ich Afrikaforscher werden. Dabei habe ich damals keine Ahnung gehabt, wieviel ein Afrikaforscher in der Stunde verdient. Ja, ich weiß es nicht einmal heute genau, weil solche Fragen mich leider nie recht interessiert haben.

Es gibt, wie alle Welt weiß, Bienen, es gibt Hummeln, und es gibt Wespen. Diese drei Arten sind sich nahe verwandt, aber jede hat ihre eigene und besondere Lebensweise.

Die Biene ist die fleißigste unter den dreien. Sie gönnt sich keinen Augenblick Ruhe, arbeitet den ganzen Tag und liefert emsig das Wachs und den Honig, der ihr dann von anderen Leuten weggenommen wird.

Die Wespe baut ja zwar auch ihre Häuser, aber sie betreibt alles viel lässiger und lebt lieber vom Raub. Denn sie ist ein Kavalier, immer elegant angezogen, geschnürt und mit gelben Aufschlägen. Wie ein Ulanenleutnant.

Und was die Hummel anbetrifft, so ist sie der Lebenskünstler. Sie geht singend durch den Tag, von Blume zu Blume, wie es sich gerade trifft, und ohne Programm; sie arbeitet nie etwas und lebt doch herrlich.

Schön. Dies alles ist bekannt, und ich sage nichts Neues. Aber da ist nun ein amerikanischer Zoologe auf den Einfall gekommen, die geistigen Fähigkeiten dieser drei Arten zu erforschen. Indem er ihr Gehirn ausmaß und abwog, ihr Aufnahmevermögen verglich und dergleichen.

Das Ergebnis war dieses: die intelligenteste von den dreien ist die Hummel, die niemals etwas arbeitet. An zweiter Stelle kommt die Wespe. Aber auf der allertiefsten geistigen Stufe steht die fleißige Biene, sie hat fast gar kein Gehirn.

Die Biene ist ein Ochse, um es mit einem Wort zu sagen.

Und nun bleibt nur noch zu untersuchen, wie das gekommen ist und wie das alles zusammenhängt. Arbeitet die Biene, weil sie dumm ist? Oder ist sie von der vielen Arbeit dumm geworden?

Aber, um Himmels willen, liebe, hoffnungsvolle, junge Leute, die ihr dieses lest, hütet euch, daraus Schlüsse auf menschliche Verhältnisse ziehen zu wollen. Für den Menschen gilt das heilige Grundgesetz, daß er auf diese Welt gekommen ist, um den ganzen Tag vom Morgen bis zum Abend zu arbeiten; um für seine Kinder zu sorgen, die dann ihrerseits für ihre Kinder ebenfalls jeden Tag von Morgen bis Abend zu arbeiten haben werden.

Sollte uns einmal ein Zweifel kommen, sollten wir bemerken, daß dieses Gesetz eigentlich Schwindel ist, so bräche die gesamte soziale Ordnung zusammen.

Und nicht wahr, es wäre doch jammerschade um die gesamte soziale Ordnung?

Habt ihr je den Blick beachtet, mit dem der deutsche Bürgers-
mann einen Offizier ansieht? Diesen scheuen und treuen Blick,
so von unten herauf, als ob ein geduckter Pudel zu seinem
Herrn aufsieht!
Wenn du diesen Blick kennst, so weißt du, daß es in Deutschland nie etwas Rechtes werden wird. Und dann läßt du die
Dinge laufen, wie sie wollen, und holst dir vom Regale den
alten Lederband und liest die Strophen des Horatius Flaccus,
der in Venusia geboren wurde.

Alptraum des Dichters, 1926. Zeichnung von George Grosz

Der Feuilletonist greift in die Politik –
Berlin von der Seitenlinie

Victor Auburtin lebte (und schrieb!) nach Anfangsjahren bei
der Berliner *Börsenzeitung* und beim *Simplicissimus* fast aus-
schließlich außerhalb Berlins und Deutschlands. Zwischen
1911 und 1914 beobachtete er für das *Berliner Tageblatt* als
Auslandskorrespondent das politische und kulturelle Paris,
zwischen 1914 und 1917 war er als »feindlicher Ausländer« in
Besançon festgesetzt, auf Korsika interniert und wurde erst
infolge einer Krankheit über die Schweiz nach Deutschland
abgeschoben. (In gewisser Weise wiederholte sich, was einen
deutsch-französischen Krieg früher seinem deutsch-französischen Kollegen Theodor Fontane widerfuhr.
Bis zu seinem Tod 1928 lagen die Orte seines Schreibens und
Lebens die meiste Zeit über ganz Europa verstreut – seine Zeitung sandte ihn 1917 zunächst als Korrespondent nach Genf
und Bern, im Jahr 1924 nach Madrid und schließlich Ende 1927
nach Rom; den Reiseschriftsteller Auburtin zog es nach Grie-
chenland und in die jungen, im Nachkrieg entstandenen Staaten der ehemaligen Donaumonarchie. Von einigen ausgedehn-
ten Expeditionen durch Deutschland abgesehen, über deren
touristische Eindrücke Auburtin sein Berliner Lesepublikum
regelmäßig informierte, war zwischen 1921 und 1924 Auburtins
Arbeits- und Lebensmittelpunkt aber Berlin.

Das vorliegende Bändchen ist dem Großstadtbeobachter
gewidmet.

Aktuelle politische Ereignisse und ihre Protagonisten, technische Neuerungen und soziale Verwerfungen, großstädtischer Hedonismus und seine kulturellen Blüten – waren die Themen, denen er sich widmete.

Was Auburtins journalistische Arbeit in diesen Jahren zu etwas Besonderem machte, waren nicht die Themen; sie lagen gleichsam auf der Straße der Metropole und wurden auch von seinen schreibenden Kollegen aufgenommen und bewegt. Es ist vielmehr die auburtinische Perspektive, aus der er ein gesellschaftliches, soziales oder politisches Phänomen betrachtet.

Auburtins Feuilleton »Vom Gelde« eröffnet etwa mit der Bitte der Handelskammer, das empfindliche Inflations-Papiergeld schonend zu behandeln. Und Auburtin antwortet, daß ihm diese Behutsamkeit mit rohen Eiern oder Ölsardinen als Zahlungsmittel leichter fiele, weil deren Haltbarkeit und vor allem ihr Werterhalt deutlich sicherer sei. Es gibt zweifellos näher liegende Gedankenspiele, um dem Publikum die Folgen der Geldentwertung für das Lebens- und Sicherheitsgefühl der Menschen vor Augen zu führen, aber kaum eines von solcher Evidenz.

Victor Auburtin betrachtet seine Gegenstände wie beiläufig von der Seitenlinie, entwickelt seine Gedanken zu ihnen aus einer scheinbar nebensächlichen Idee; deshalb sind seine Schlußfolgerungen ebenso überraschend wie schlagend.

Auch das kulturverwöhnte und unterhaltungssüchtige Berlin kann Auburtins ganz eigener, zwischen Neugier und ironischer Distanz austarierter, aber immer teilnahmsvoller Beobachtung sicher sein.

Es ist diese feine Balance zwischen Empathie und Ironie, mit der er etwa in »Berliner Nachtleben« die beiden, die hauptstädtischen Nachtlokale bevölkernden Spezies – die Blondinen vom

Lande und die von der ehelichen Leine gelassenen Gatten aus Remscheid und Regensburg – für einen Moment schalen Glücks zu Paaren treibt.

Es ist dieser einfühlsame und von jeder Selbstüberhöhung freie Blick auf seinen Nebenmenschen, mit dem er immer wieder diejenigen in Schutz nimmt, die mit dem gnadenlosen Tempo und dem politischen und sozialen Zweckdenken der Moderne nicht Schritt halten können oder – wie er selbst – nicht Schritt halten wollen. In der für ihn typischen Mischung aus analytischer Schärfe, leiser Ironie und feiner Menschlichkeit bringt er dies in »Rettet unsere Idioten« zum Ausdruck.

Auburtin widmet sich hier den eugenischen und rassehygienischen Diskussionen der zwanziger Jahre, die 1000 Jahre später den pseudowissenschaftlichen Persilschein für die Vernichter unwerten Lebens ausstellten. In drei Sätzen demontiert er deren wissenschaftliche Seriosität, in zwei weiteren Sätzen lädt er das Lesepublikum ein, sich vorzustellen, über ihr Leben würde auch das Verdikt der Vernichtung gesprochen. Und den abschließenden Satz richtet er an seine Berufsgenossen: »Auch wollen wir schließlich unsere Literaturcafés nicht veröden lassen«. Das kann man lesen als eine kleine Spitze gegen die Caféhauskultur, es ist aber vielleicht auch der Appell an deren Vertreter, die Gefahr hinter diesem inhumanen, wissenschaftlich verbrämten Ungeist zu erkennen und danach zu handeln.

Überrascht sind sicherlich seine Leserinnen und Leser vom Titel unserer Auswahl; der verdankt sich nämlich der literarischen Selbstdarstellung des Wortradikalismus oder der Caféhauskultur, von denen eben die Rede war. Der Dichter Ludwig Rubiner hat das so formuliert: Der Dichter greift in die Politik – vergeblich, wie Auburtin ahnte.

Victor Auburtin war ein Humanist, ein freier Geist und ein Konservativer mit feinem Gespür für das, was gut und was fragwürdig war an der »neuen Zeit«, die er erlebte.

Editorische Notiz

Die Zeichnungen auf den Seiten 2 (Frontispiz), Großstadt, 1918; Seite 36, Drei kartenspielende Gefangene, 1928; Seite 52, Paar, 1919; Seite 66, Nachwuchs, ca. 1921; Seite 78, Alptraum des Dichters, Illustration zu MacOrlans Kriminalroman *Port d'Eaux Mortes*, 1926, sind von George Grosz, © by VG BILD-KUNST, Bonn. Die Zeichnungen sind keine Illustrationen zu den Feuilletons, sondern Assoziationen zum Geist der Zeit.

Alle Feuilletons unserer Auswahl stammen aus dem *Berliner Tageblatt* der Jahre 1920 – 1926 (meist alle 3 Tage auf Seite 2 oder 3, rechts »unterm Strich«). Sie sind – neben den wenigen Buchveröffentlichungen – die einzige Quelle des feuilletonistischen Werks von Auburtin, denn Originalmanuskripte sind wie das ganze Archiv des *Berliner Tageblatts* und des Verlags Albert Langen von den Nazis vernichtet worden.

Aus dem großen Schatz von überlieferten Feuilletons hat der Herausgeber eine ganz kleine, sehr »auburtinische« Auswahl getroffen. Victor Auburtin perhorreszierte ja weniges so wie die »Philologisterei« der Privatdozenten, und so gibt es in seinen Büchlein auch keine systematische Anordnung der Texte; ebenso wenig also in unserem Bändchen. Die Leserinnen respektive der Leser haben als politische oder historische Wegweiser nur die Entdeckung eines heimlichen (oder verheimlichten) Geisteszustands seiner Zeit; jedenfalls von ungeahnter Aktualität.

Im übrigen gilt der Rat an seine Leser: »Man lese von diesen kleinen Strophen nicht zu viele auf einmal – zwei oder drei vor dem Schlafengehn, wenn der Pfund-Sterling-Lärm des Tages sich gelegt hat. Mehr vertragen sie nicht.«

Für alte und neue Auburtinisten

»Ich zweifle nicht«, schrieb der Feuilletonist Walther Kiaulehn zu seiner kleinen, längst vergriffenen Auburtin-rororo-Auswahl, »daß jeder Leser sofort ein zweites Exemplar kaufen wird, um es zu verschenken. Man kann gar nichts Besseres tun. Bringt man seine Freunde mit Auburtin zusammen, dann haben sie wenigsten einen Bekannten, mit dem sie sich überall sehen lassen können.« Deshalb empfehlen wir Ihnen zur Hebung Ihrer Reputation und zum eigenen Vergnügen:

VICTOR AUBURTINS GESAMMELTE KLEINE PROSA. Werkausgabe in (sechs) Einzelbänden, herausgegeben von Peter Moses-Krause; schön gebunden (Pappbände mit Fadenheftung).

Bisher sind erschienen (lieferbar):
PFAUENFEDERN UND EIN GLAS MIT GOLDFISCHEN. Miniaturen und Feuilletons 1921/1922, (Werkausgabe, erster Band) 228 Seiten. ISBN 978-3-921810-74-3
DIE ONYXSCHALE (1911) UND DIE GOLDENE KETTE (1907) sowie andere kleine Prosa (aus dem »Simplicissimus) bis 1911. (WA, zweiter Band) 248 Seiten. ISBN 978-3-921810-25-5
WAS ICH IN FRANKREICH ERLEBTE (1918) und die Literarischen Korrespondenzen aus Paris 1911-1914. (WA, dritter Band) 476 Seiten. ISBN 978-3-921810-26-2

In Vorbereitung:
DIE HIRTENFLÖTE. Einer bläst die Hirtenflöte (1928) und die Feuilletons im Berliner Tageblatt bis 1927. (WA, vierter Band) ca. 480 Seiten. ISBN 978-3-921810-27-9

Außerhalb der Werkausgabe sind erschienen:

HERR BRIE ODER KATZEN UND ANDERE GESCHICHTEN. Mit
Zeichnungen von Théophile-Alexandre Steinlen. Ausgewählt
und mit einem Vorwort von Peter Moses-Krause.
72 Seiten. Engl. Broschur mit Fadenheftung.
ISBN 978-3-931109-06-6

DURCHSCHNITT DURCH POTSDAM ODER LOB DER LANGSAM-
KEIT. Geschichten vom Déja vu. Ausgewählt und mit einem
Vorwort von Peter Moses-Krause. Mit Fotografien von Fritz
Eschen. 52 Seiten. Engl. Broschur mit Fadenheftung.
ISBN 978-3-931109-08-0

SAND UND SACHSEN. EIN SOMMERBÜCHLEIN VON OST- UND
NORDSEE IN WORTEN. Mit Zeichnungen von Wolfgang Wür-
fel. Ausgewählt und mit einem Vorwort von Peter Moses-
Krause. 64 Seiten. Engl. Broschur, mit Fadenheftung.
ISBN 978-3-931109-18-9

ARCHIMEDES UND DAS WASSERKLOSETT UND ANDERES VON DER
REISE NACH DELPHI. Mit Zeichnungen empfindsamer Grie-
chenlandreisender. Vorwort von Peter Moses-Krause. 88 Seiten.
Engl. Broschur mit Fadenheftung. ISBN 978-3-931109-32-5

ABENTEUER MIT FRÄULEINS. 30 der schönsten Berlin-Feuilletons.
Herausgegeben und mit einer Nachbemerkung von Heinz Kno-
bloch und Peter Moses-Krause. Mit Zeichnungen von Wolfgang
Würfel. 88 Seiten. Engl. Broschur mit Fadenheftung.
ISBN 978-3-931109-07-3

DER FEUILLETONIST GREIFT IN DIE POLITIK oder: Vergeblicher
Versuch mit der Schreibmaschine die schöne neue Zeit aufzuhal-
ten. Betrachtungen von der Seitenlinie. Herausgegeben und mit
einem Nachwort von Hartmut Mangold.
84 Seiten. Engl. Broschur mit Fadenheftung.
ISBN 978-3-931109-21-9

Erschienen im Verlag Das Arsenal (in 10589 Berlin-Charlottenburg,
Tegeler Weg 97). Erhältlich in jeder guten Buchhandlung.

Gedruckt und gebunden bei Druckerei Pohland in Augsburg
Auswahl und Nachwort von Hartmut Mangold
Typographie Marc Berger in Gransee
Alle Zeichnungen von George Grosz,
© by VG BILDKUNST, Bonn

ISBN 978-3-931109-21-9